Niños en la Tierra

Aventuras de vida Silvestre - Explora el Mundo
Arabian Oryx Antelope

Sensei Paul David

Página De Derechos De Autor

Niños en la Tierra: Aventuras de vida Silvestre - Explora el Mundo
Arabian Oryx Antelope

por Sensei Paul David,

Copyright © 2024.

Todos los derechos reservados.

978-1-77848-606-7

KoE_Wildlife_Spanish_PaperbackBook_Ingram_ArabianOryxAntelope

978-1-77848-605-0

KoE_Wildlife_Spanish_PaperbackBook_Amazon_ArabianOryxAntelope

978-1-77848-604-3

KoE_Wildlife_Spanish_eBook_Amazon_ArabianOryxAntelope

Este libro no está autorizado para su distribución y copia gratuita.

www.senseipublishing.com

@senseipublishing
#senseipublishing

Synopsis

This book introduced readers to the world of the Arabian Oryx Antelope. It provided readers with 30 unique and fun facts about this amazing creature, as well as an introduction and conclusion summarizing the importance of the Arabian Oryx Antelope and its incredible adaptations to life in the desert. Readers were able to learn about the Arabian Oryx's national status, its white coat, long horns, diet, social behavior, speed, water conservation, intelligence, facial markings, protection, endangered status, and much more. By the end of the book, readers were able to gain a newfound appreciation and respect for this majestic animal.

¡Obtenga nuestros libros GRATIS ahora!

kidsonearth.life

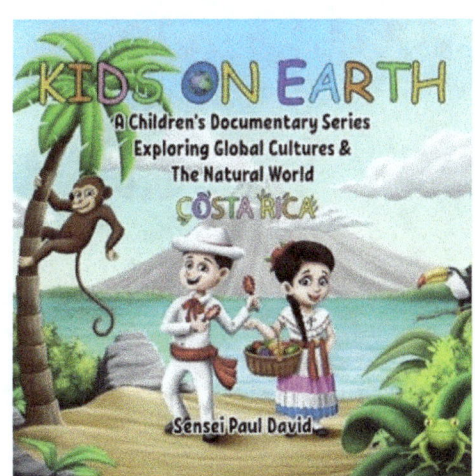

kidsonearth.world

Haga clic a continuación o busque en Amazon otro libro de cada serie o visite:

¡Únete a nuestro viaje editorial!

Si desea recibir LIBROS GRATIS FUTUROS,Y conocernos mejor,Por favor, haga clic en el enlace www.senseipublishing.com Y únete a nuestro boletín ingresando tu dirección de correo electrónico en la caja emergente.

Sigue nuestro blog: senseipauldavid.ca

Sigue/Me gusta/Suscribirse: Facebook, Instagram, YouTube: @senseipublishing

Escanee el código QR con su teléfono o tableta

para seguirnos en las redes sociales: Me gusta / Suscríbete / Síguenos

Introduction

¡Bienvenido al mundo del antílope oryx árabe! Esta fascinante criatura es nativa de los desiertos de la Península Arábiga y es uno de los animales más reconocidos en el mundo. Con su distintivo pelaje blanco y sus largos y majestuosos cuernos, ha sido admirado y valorado por los humanos durante siglos. En este libro, aprenderás 30 datos únicos y divertidos sobre el oryx árabe y sus increíbles adaptaciones para la vida en el desierto. Así que abre tu mente y únete a nosotros en este viaje de descubrimiento mientras exploramos el mundo del antílope oryx árabe.

El Orix Árabe es el animal nacional de los Emiratos Árabes Unidos.

El Orix Árabe es una especie de antílope que se ha adaptado para vivir en los desiertos de la Península Arábiga.

El Orix Árabe tiene un pelaje blanco único que le ayuda a camuflarse en el entorno del desierto.

El Orix Árabe tiene dos largos cuernos que pueden crecer hasta tres pies de longitud.

El Orix Árabe tiene una dieta única que consiste en hojas, frutas y pastos.

El Orix Árabe es un animal muy social y forma manadas de hasta 20 individuos.

El Orix Árabe es un corredor rápido y puede alcanzar velocidades de hasta 40 millas por hora.

El Orix Árabe tiene una adaptación única para conservar agua al reabsorber la humedad de su orina.

El Orix Árabe es un nadador muy fuerte y puede cruzar fácilmente ríos anchos y otras masas de agua.

El Orix Árabe puede pasar largos períodos sin beber agua, ya que obtiene la mayor parte de su humedad de la comida que consume.

El Orix Árabe tiene una forma única de comunicarse, utilizando una combinación de lenguaje corporal y vocalizaciones.

El Orix Árabe tiene un distintivo patrón facial que le ayuda a identificar a otros miembros de su manada.

El Orix Árabe es un animal muy protector y defenderá ferozmente su territorio de los depredadores.

El Orix Árabe es una especie en peligro de extinción, con menos de 1,000 individuos restantes en la naturaleza.

El Orix Árabe es un animal muy inteligente y se le puede enseñar a realizar varias conductas.

El Orix Árabe tiene la característica única de poder mudar su pelaje en los meses de verano para mantenerse fresco en el cálido clima del desierto.

El Orix Árabe tiene una adaptación especial para poder reconocer a los depredadores desde una larga distancia por su olor.

El Orix Árabe tiene una forma única de dormir, con la cabeza erguida para estar atento a los depredadores.

El Orix Árabe es un animal muy vocal y a menudo se le puede escuchar llamando a otros miembros de su manada.

El Orix Árabe tiene una adaptación única de poder dormir de pie, para conservar energía en el calor del desierto.

El Orix Árabe es un excelente escalador y puede escalar acantilados y rocas en busca de alimento.

El Orix Árabe tiene una forma única de utilizar sus cuernos para luchar con otros machos durante la temporada de apareamiento.

El Orix Árabe es un animal muy sociable y a menudo se le puede ver socializando con otros miembros de su manada.

El Orix Árabe tiene un sentido del olfato muy fuerte y puede detectar a los depredadores a kilómetros de distancia.

El Orix Árabe tiene una forma única de comunicarse con su manada utilizando una combinación de expresiones faciales, lenguaje corporal y vocalizaciones.

El Orix Árabe es un corredor rápido y puede alcanzar velocidades de hasta 40 millas por hora.

El Orix Árabe es un animal muy poderoso y sus cuernos pueden ser usados para defenderse de los depredadores.

El Orix Árabe es un animal muy resistente y puede sobrevivir en un ambiente árido y hostil con muy poca agua.

El Orix Árabe tiene una adaptación única de poder reconocer a los depredadores desde una larga distancia por su olor.

El Orix Árabe fue declarado extinto en la naturaleza en 1972.

Conclusión

Esperamos que hayan disfrutado aprendiendo sobre el increíble Orix Árabe y sus increíbles adaptaciones a la vida en el desierto. Este majestuoso animal es verdaderamente un símbolo de resistencia y fuerza, y ha cautivado a los humanos durante siglos. Desde su distintivo pelaje blanco hasta sus largos cuernos, es un animal digno de admiración y respeto.

Gracias por leer este libro!

Si encontraste este libro útil, estaría agradecido si publicaras una reseña honesta en Amazon para que este libro pueda llegar y ayudar a otras personas.

Todo lo que necesitas hacer es visitar amazon.com/author/senseipauldavid Haga clic en la portada correcta del libro y haga clic en el enlace azul junto a las estrellas amarillas que dice "reseñas de clientes"

Como siempre...

Es un gran día para estar vivo!

¡Comparta nuestros libros electrónicos GRATIS ahora!

kidsonearth.life

kidsonearth.world

Haga clic a continuación o busque en Amazon otro libro de cada serie o visite:

www.amazon.com/author/senseipauldavid

www.senseipublishing.com
@senseipublishing
#senseipublishing

Mira nuestras **recomendaciones** para otros libros para adultos y niños, además de otros grandes recursos visitando.

www.senseipublishing.com/resources/

Únete a nuestro viaje editorial!

Si desea recibir LIBROS GRATIS, ofertas especiales, visite por favor.

www.senseipublishing.com Y únete a nuestro boletín ingresando tu dirección de correo electrónico en la caja emergente

Sigue nuestro atractivo blog AHORA!

senseipauldavid.ca

Consigue nuestros libros GRATIS hoy!

Haz clic y comparte los enlaces a continuación

Libros gratis para niños

lifeofbailey.com

kidsonearth.world

Libro de auto-desarrollo GRATIS

senseiselfdevelopment.senseipublishing.com

BONO GRATIS!!!

Experimenta más de 25 meditaciones guiadas gratuitas y entretenidas!

Habilidades y prácticas preciadas para adultos y niños. Ayuda a restaurar el sueño profundo, reducir el estrés, mejorar la postura, navegar la incertidumbre y más.

Descargue la aplicación gratuita Insight Timer y haga clic en el enlace a continuación:

http://insig.ht/sensei_paul

Si te gustan estas meditaciones y quieres profundizar, envíame un correo electrónico para una sesión de coaching en vivo GRATIS de 30 minutos:
senseipauldavid@senseipublishing.com

Acerca de Sensei Publishing

Sensei Publishing se compromete a ayudar a las personas de todas las edades a transformarse en mejores versiones de sí mismas proporcionando libros de autodesarrollo de alta calidad y basados en investigaciones con énfasis en la salud mental y meditaciones guiadas. Sensei Publishing ofrece libros electrónicos, audiolibros, libros de bolsillo y cursos en línea bien escritos que simplifican temas complicados pero prácticos en línea con su misión de inspirar a las personas hacia una transformación positiva.

Es un gran día para estar vivo!

Sobre el autor

Creo libros electrónicos y meditaciones guiadas simples y transformadoras para adultos y niños, probadas para ayudar a navegar la incertidumbre, resolver problemas específicos y acercar a las familias.

Soy un ex gerente de proyectos financieros, piloto privado, instructor de jiu-jitsu, músico y ex entrenador de fitness de la Universidad de Toronto. Prefiero un enfoque basado en la ciencia para enfocarme en estas y otras áreas de mi vida para mantenerme humilde y hambriento de evolucionar. Espero que disfrutes mi trabajo y me encantaría escuchar tus comentarios.

- Es un gran día para estar vivo!
Sensei Paul David

Escanea y sigue/me gusta/suscribete: Facebook, Instagram, YouTube: @senseipublishing

Escanea con la cámara de tu teléfono/iPad para las redes sociales

Visítanos www.senseipublishing.com Y regístrate a nuestro boletín para aprender más sobre nuestros emocionantes libros y para experimentar nuestras Meditaciones Guiadas GRATIS para Niños y Adultos.

www.ingramcontent.com/pod-product-compliance
Lightning Source LLC
Chambersburg PA
CBHW080613100526
44585CB00035B/2402